Andrea Schwarz

Ich suche und finde das Leben in mir

Herder
Freiburg · Basel · Wien

Umschlaggestaltung: Neil McBeath
unter Verwendung eines Fotos
von IFA-Bilderteam-Buschbell
Fotos im Innenteil:
Tony Stone Bilderwelten, München: Seite 9, 19, 29, 41
Studio Gerd Weissing, Nürnberg: 36, 51

Zweite Auflage

Druck und Einband: Wilhelm Röck, Weinsberg
ISBN 3-451-23933-7

Für Ursula Geißner
und Herbert Euschen,
die mich
in den vergangenen Jahren
unterstützt und ermutigt haben,
das Wasser des Lebens
in mir zu suchen und zu finden.

Gottes Bild, Gottes Sohn, sagt der große Meister Origenes, ist in der Seele Grund wie ein lebendiger Brunnen. Wenn aber jemand Erde, das ist irdisches Begehren, darauf wirft, so hält es ihn zurück und verdeckt ihn, so daß man ihn nicht erkennt noch gewahr wird. Dennoch bleibt er in sich lebendig und wenn man die Erde, die von außen darauf geworfen ist, wegnimmt, so kommt der lebendige Brunnen wieder zum Vorschein, und man wird ihn gewahr.

Meister Eckhart

Dann sah ich einen neuen Himmel und eine neue Erde, denn der erste Himmel und die erste Erde sind vergangen, auch das Meer ist nicht mehr. Ich sah, wie die Heilige Stadt, das neue Jerusalem, von Gott aus dem Himmel niederkam. Sie war festlich geschmückt wie eine Braut für ihren Mann. Und ich hörte eine mächtige Stimme vom Thron her rufen: „Seht, das Zelt Gottes bei den Menschen! Gott wird bei ihnen wohnen, und sie werden sein Volk sein, und Gott selbst wird als ihr Gott bei ihnen sein. Und er wird abwischen alle Tränen von ihren Augen. Es wird keinen Tod mehr geben, keine Trauer, keine Klage, keine Mühsal. Denn das Alte ist vergangen."
Und der auf dem Thron saß, sprach: „Siehe, ich mache alles neu! Ich bin der Erste und der Letzte, der Anfang und das Ende. Wer durstig ist, dem gebe ich zu trinken, ich schenke ihm das Wasser aus der Quelle des Lebens."

Offenbarung 21,1–5a.6b.c.

Manchmal kommt mir
mein Leben
wie ein Dschungel vor,
wie eine
undurchdringliche Wildnis.

Pflanzen wuchern
dicht an dicht:
Sträucher, Büsche,
hohe Gräser, Bäume, Farne,
Efeu, Kletterpflanzen
– kein Weg ist mehr zu sehen.

Ich weiß nicht mehr,
wo ich bin;
ich weiß nicht mehr,
wo ich hin will.
Ich habe die Orientierung
verloren
– schlimmer noch:
Ich habe mich verloren.

Was mache ich hier eigentlich?
Wer bin ich, und was will ich?
Wo ist der Weg?
Was soll das alles?
Und warum diese Wildnis?

Fragen über Fragen
– und ich
weiß keine Antwort …

Von allen Seiten
greift es nach mir.

In mir ist nur noch Angst,
ich blick nicht mehr durch.
Ich will nur noch weg
– und bleibe doch
wie gelähmt stehen.
Wohin sollte ich auch gehen?

Mein Schrei nach Hilfe
bleibt ein stummer Schrei …

Ich habe mich verstrickt
im Dschungel meines Alltags,
habe mich verirrt
im Labyrinth der Erwartungen,
werde von allen Seiten bedrängt.

Ich weiß nicht mehr,
wo ich hin will
– und ich weiß nicht mehr,
wo ich bin.
Ich weiß nicht mehr,
wer ich sein will
– und weiß nicht mehr,
wer ich bin.

Ich habe kein Ziel mehr,
keine Perspektive,
nichts, wofür es sich wirklich
zu leben lohnt.

In mir ist Traurigkeit,
Ohnmacht, Angst.
Meine Kraft geht zu Ende,
ich wehre mich nicht mehr.

Meine Sehnsucht nach Leben ist
geknebelt und gefesselt.
Und da sind die Tränen,
die ich nach innen weine.

Im Dschungel meines Alltags
habe ich mich verloren –
verloren in all dem,
was andere von mir erwarten,
in all dem, dem ich meine,
entsprechen zu müssen.

Ich habe mich verloren
– und finde mich nicht mehr.

Ich suche das Leben
– und finde es nicht.

Raus aus meinem Alltag
– je weiter fort,
um so besser.

Doch die Traurigkeit bleibt.

Ich betäube mich
mit Musik,
Fernsehen,
Computerspielen,
Alkohol
– doch der Morgen
ist kalt und grau.

Ich suche das Leben überall –
aber ich kann es nicht finden.

Und da ist ein Zweifeln,
ein Schluchzen,
ein Schreien
– wo ist das Leben?

Und wo ist mein Leben?

Ich werde nachdenklich:
Vielleicht suche ich falsch,
vielleicht suche ich
am falschen Ort,
zur falschen Zeit.

Suche ich eigentlich wirklich –
oder will ich nur finden?
Mache ich mich auf den Weg
– oder will ich schon angekommen sein?
Suche ich das scheinbare Glück,
das von außen kommt,
oder die Zufriedenheit,
die von innen wächst?

Ich werde das Leben
nicht finden,
solange ich mich fliehe.

Die Suche nach dem Leben
ist die Suche nach mir
– ist die Suche nach
meinen Fragen,
meinem Sinn,
meinen Zweifeln,
meinen Hoffnungen,
meiner Ohnmacht,
meinen Träumen
und meinen Tränen,
meinen Ängsten
und meinem Vertrauen.

Tief in mir, versteckt,
zugewachsen, verborgen,
zugeschüttet
– das Wasser des Lebens,
der Strom des Lebendigen,
die unbändige Kraft des Lebens,
die Lust des Seins.

In mir muß ich suchen,
nicht an anderen Orten.
Jetzt muß ich suchen,
nicht irgendwann.
In die Tiefe muß ich gehen,
nicht an der Oberfläche
bleiben.

Hinunter bis auf den Grund,
zurück zur Quelle des Lebens.

Fort aus dem Alltag,
der mich gefangen hält,
dem Gejagt-sein ein Ende setzen,
mich der Macht
des Faktischen entziehen,
loslassen, was mich besitzt,
den Teufelskreis durchbrechen.

zurück
zu den Quellen,
zurück
zu der Urkraft des Lebens,
zurück
zu dem, was mich wirklich
hält und trägt.

Tief in mir
strömt das Wasser des Lebens.

Keine Phantasie,
keine Illusion
keine Einbildung,
kein Wunschtraum
– sondern Zusage,

Realität und Geschenk.

Wasser des Lebens
– nicht käuflich,
nicht machbar,
nicht zu verdienen.

Es ist da, einfach da.

Ich muß nur
zur Suche bereit sein.

Das ist die Zusage:

„Wer aber von dem Wasser trinkt, das ich ihm geben werde, wird niemals mehr Durst haben; vielmehr wird das Wasser, das ich ihm geben werde, in ihm zur sprudelnden Quelle werden, deren Wasser ewiges Leben schenkt."

(Joh 4,13 f.)

Wasser des Lebens
– eine sprudelnde Quelle in mir

da strömt es
und fließt es …

Und mir fallen die Wüsten
in mir ein –
die ausgetrockneten
Landschaften der Gefühle,
die verdorrten
Gesten der Zärtlichkeit,
die Steppe des Haben-wollens,
der abgestorbene Ast
des immer noch besser
machen wollens,
der vertrocknete Boden der
Erbarmungslosigkeit
mir selbst gegenüber.

Sehnsucht erfüllt mich ...
mögen doch Tropfen und Bäche
dieses lebendigen Wassers
meine Wüsten benetzen,
möge es wie Tau vom Himmel
herabfallen und den
mich erstickenden Staub wegwaschen,
mögen doch endlich die Quellen
in mir aufbrechen
– und die Wüsten in mir
grün machen,
Totes zum Leben erwecken,
neues Leben wachsen lassen!

Herr, gib mir dieses Wasser!

Herr, gib mir dieses Wasser!

Ein Schrei ist es,
der sich da Raum schafft …

… der mir Raum schafft

Herr, gib mir dieses Wasser,
damit ich nicht länger
immer nur schöpfen muß,
damit ich mir nicht länger
das Wasser von anderen
und von anderem holen muß
– und doch durstig bleibe!

Er ist nicht leicht,
dieser Schrei.

Mit diesem Schrei
nehme ich Abschied davon,
alles alleine machen zu wollen,
ich gestehe mir meine Ohnmacht,
meine Grenzen ein.
Ich lasse
meine Bedürftigkeit zu,
rufe nach Hilfe,
gestehe mir meine Not ein.

Finde du mich, Herr,
denn ich habe mich verloren …

ein Stammeln …

ein Schrei …

und schließlich doch
schmerzhaftes Lassen

und es wird Raum …

Der erste Schritt in die
Wildnis hinein heißt,
das Dunkle in mir annehmen,
all das Rätselhafte,
all das Durcheinander
– und es ist
der schwerste Schritt.

Das Dunkel in mir annehmen,
hinschauen, was wirklich ist,
zulassen, daß es anders ist …

Bilder, Erwartungen,
Vorstellungen, Hoffnungen,
Träume, Ängste –
all das lassen,
was mich besetzt hält,
was mich knebelt,
mir den Weg zum Leben
versperrt.

Und ich hole Luft …

Und in mir ein Flüstern:

Geh!

Zaudere nicht! Geh los!

Geh zu den Quellen,
mache dich auf den Weg,
verlasse das Vertraute.

Die Kraft ist in dir!

Geh los, steige hinab,
geh dir auf den Grund,
frage und suche,
zweifle und vertraue
– aber geh endlich los!

Ich mache mich auf,
ich öffne mich,
lasse zu, lasse mich ein …

auf dein Wort hin …

lasse ich

los

Ich suche
und finde

das Wasser des Lebens
in mir
fließend und
strömend

Ich suche
und finde

das Leben
in mir

Fast ein Schrei

Gott
du hast das Wasser des Lebens

gib mir davon
damit die Wüsten in mir grün werden
gib mir davon
damit das Harte in mir weich wird
die Liebe wachsen kann
die Hoffnung Wurzeln schlägt
der Glaube nicht austrocknet

Gott
gib mir das Wasser des Lebens
und laß es in mir
zur sprudelnden Quelle werden
zur Quelle
die nie versiegt

und mach mir Mut
Gott
das Wasser des Lebens
an andere weiterzugeben
es in mir nicht einzusperren
mit Dämmen und Mauern
sondern es auszugießen
herzuschenken
herzugeben

gib du mir
das Wasser des Lebens

Diese Texte wurden ursprünglich für eine Meditation in der Autobahnkirche Baden-Baden geschrieben und für diese Buchausgabe grundlegend neu bearbeitet.

Das Zitat von Meister Eckhart auf Seite 6 ist dem Buch entnommen: „Meister Eckhart – Wo Gott keinen Namen hat", herausgegeben von Hasso Schelp, 1993, Kösel Verlag.

Andrea Schwarz bei Herder

Ich bin verliebt ins Leben
2. Aufl., 64 S., 16 Farbabb., geb.,
ISBN 3-451-23311-8

Mit Leidenschaft und Gelassenheit
2. Aufl., 120 S., geb. mit Schutzumschlag,
ISBN 3-451-23483-1

Anselm Grün / Andrea Schwarz
Und alles lassen, weil Er mich nicht läßt
Lebenskultur aus dem Evangelium
3. Aufl., 220 S., geb. mit Schutzumschlag,
ISBN 3-451-23778-4

Ich schick Dir einen Sonnenstrahl
Das Postkartenbuch
4. Aufl., 22 S., 20 Postkarten zum Heraustrennen,
ISBN 3-451-23678-8

Wenn ich meinem Dunkel traue
3. Aufl., 112 S., geb.,
ISBN 3-451-23200-6

Der Tag an dem der Osterhase dem Nikolaus half
4. Aufl., 64 S., geb.,
ISBN 3-451-22853-X

Andrea Schwarz bei Herder

Bunter Faden Zärtlichkeit
11. Aufl., 96 S., Paperb.,
ISBN 3-451-20737-0

Ich mag Gänseblümchen
15. Aufl., 96 S. mit zahlreichen Farbabb., Paperb.,
ISBN 3-451-20531-9

Der kleine Drache Hab-mich-lieb
12. Aufl., 72 S., geb.,
ISBN 3-451-20973-X

Kater sind eben so
6. Aufl., 96 S., geb.,
ISBN 3-451-22193-4

Singt das Lied der Erlösung
3. Aufl., 160 S., geb.,
ISBN 3-451-21863-1

Ich bin Lust am Leben
5. Aufl., 144 S., geb. mit Schutzumschlag
ISBN 3-451-22640-5